In diesem Heft kannst du viele Wörter üben, die du dir merken musst.

Die Silbenkönige sind dabei wichtig!

Finde heraus, welche Tiere das sind.
Schreibe sie richtig und verbinde sie zum richtigen Bild.

Kr k d l

G r ff

P p g

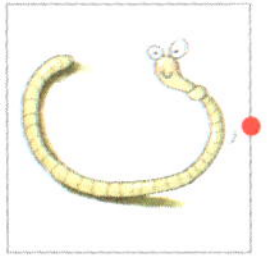

R g nw rm

Schm tt rl ng

H schr ck

K n nch n

1

Unterstreiche alle Merkwörter mit **ä** und ordne sie richtig ein.

Käfer mögen Pflanzenteile oder kleine Insekten.
Im Märchen weint die Schneekönigin keine Träne.
Der Hahn kräht. Der Vater mäht den Rasen.
Manche Kinder ärgern gern ihre Geschwister.
Während der Pause wollen die Kinder auch mal Lärm machen.
Im März kommt die Dämmerung früher als im Juni.
Das kleine Mädchen besucht die Affen im Käfig.
Nicht alle Kinder essen gern Käse.

4 Buchstaben:

5 Buchstaben:

6 oder mehr Buchstaben:

2

Kannst du alle Fragen beantworten?
Verwende die Wörter von Seite 2.

Na, das ist ja leicht.

Wie nennt man die Zeit zwischen Tag und Nacht?

Wie nennt man eine ausgedachte Geschichte?

Welches ist der dritte Monat im Jahr?

Welche Insekten können krabbeln und fliegen?

Wie nennt man Kinder, die keine Jungen sind?

Welche Speise wird aus Milch gemacht?

Was kommt aus den Augen, wenn man weint?

Wie heißt ein anderes Wort für Krach?

Worin schläft dein Hamster oder Meerschweinchen?

Unterstreiche alle Wörter mit **ß**. Schreibe alle Wörter noch einmal auf.

ß steht nur nach langem Selbstlaut. Au, ei, eu und ie sind auch lange Selbstlaute.

Draußen war es ziemlich heiß. Henri und seiner Schwester lief der Schweiß von der Stirn. Sie saßen schon eine Weile beim Essen. Es gab Grießbrei mit Himbeeren. Henri konnte es aber heute nicht wirklich genießen, es schmeckte scheußlich. Aber zum Glück war die Soße sehr lecker. Leider ließ er davon etwas auf seinen Schoß fallen. Nun musste er sich umziehen. Das machte keinen Spaß. Aber zuerst aß er die restliche Soße auf.

1 In jeder Reihe passt ein Wort nicht zu den anderen.
Male die passenden Wörter der Wortfamilie an und streiche das falsche durch.

| die Großeltern | groß | vergrößern | begrüßen | die Größe |

| der Fußgänger | barfuß | die Fußsohle | der Tausendfüßler | das Floß |

| abschließen | das Schließfach | schließen | schließlich | beschließen |

2 Schreibe jede Wortfamilie noch einmal auf.

groß: _____

Fuß: _____

_____

schließen: _____

_____

1 Finde die Reimwörter. Male das **ß** an.

fließen	reißen	der Fuß	weiß
g_____	b_____	der Gr_____	h_____

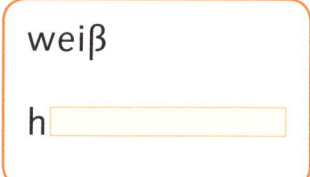

2 Schreibe die Wörter in die Kästchen mit der richtigen Farbe.

draußen				
bloß				
süß				
fleißig				
groß				

Setze in jeden Satz das passende Wort mit **h** ein.

Das h zeigt dir, dass der Selbstlaut lang ist.

Wenn etwas nicht gelogen ist, dann ist es _____.

Wenn eine Nuss keinen Kern enthält, dann ist sie _____.

Wenn jemand erleichtert und glücklich ist, dann ist er _____.

Wenn jemand keine Haare auf dem Kopf hat, dann ist er _____.

Wenn etwas nicht weit entfernt ist, dann ist es _____.

Wenn eine Kartoffel noch nicht gekocht ist, dann ist sie _____.

Wenn ein Körperteil schmerzt, dann tut es _____.

Wenn sich jemand zufrieden und gut fühlt, dann fühlt er sich _____.

Wenn etwas nicht richtig kalt ist, dann ist es _____.

nah   wahr   kahl   kühl   froh   hohl   weh   wohl   roh

Zu einer **Wortfamilie** gehören alle Wörter mit demselben **Wortstamm**. Der Wortstamm wird meistens gleich geschrieben. Manchmal verändert sich **a zu ä**.

Zum Beispiel bohren, Bohrmaschine, gebohrt, Bohrer

1 Unterstreiche den Wortstamm **fahr rot** und **zahl blau**.

zahlreich	Busfahrer	Anzahlung	bezahlen	verfahren

Fahrrad	Fahrplan	verzählen	abfahren	Vorfahrt

Mehrzahl	Anzahl	Fähre	Einzahl

2 Ordne die Wörter zu Wortfamilien mit **h**.

fahr:

zahl:

1 In der Wörterschlange stecken Verben mit **h**. Trenne sie ab.

FÜHLENRÜHRENFEHLENKEHRENZÄHLENNEHMENWÄHLENWOHNEN

2 Schreibe die Verben in die Tabelle. Male das **h** und den Selbstlaut **davor grün** an.

fühlen	ich fühle

9

Wörter mit h

1 Unterstreiche im Text alle Wörter mit **Dehnungs-h**.

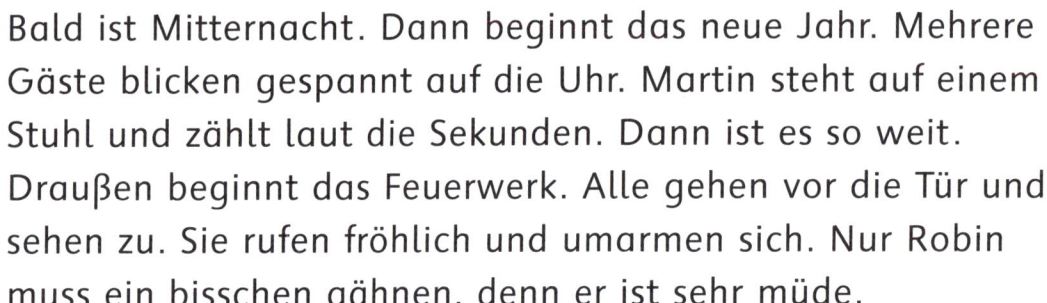

Bald ist Mitternacht. Dann beginnt das neue Jahr. Mehrere Gäste blicken gespannt auf die Uhr. Martin steht auf einem Stuhl und zählt laut die Sekunden. Dann ist es so weit. Draußen beginnt das Feuerwerk. Alle gehen vor die Tür und sehen zu. Sie rufen fröhlich und umarmen sich. Nur Robin muss ein bisschen gähnen, denn er ist sehr müde.

2 Ordne die unterstrichenen Wörter richtig in die Tabelle ein.

Wörter mit ah und äh	Wörter mit eh	Wörter mit oh, öh und uh

10

Übe besonders diese kleinen Wörter, denn sie kommen oft vor.
Setze sie in den Sätzen richtig ein. Verwende jedes Wort zweimal.

ohne   sehr   mehr   zehn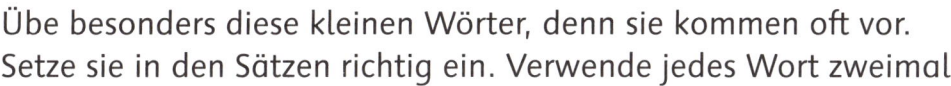

Zum Klavierspielen braucht man alle [   ] Finger.

Man darf nicht [   ] Fahrschein mit der Bahn fahren.

In der Klasse 3a können [   ] Kinder schwimmen als in der 3b.

Die kleinste Zahl mit zwei Ziffern ist die [   ].

Oma und Opa haben sich [   ] auf unseren Besuch gefreut.

Leider gibt es beim Zirkus keine Freikarten [   ].

Nachts kann man [   ] Licht nicht lesen.

Zu dem Theaterstück kamen wirklich [   ] viele Leute.

Viel Spaß!

Was gibt es wirklich?

- ⭕ Turmhose
- ⭕ Turndose
- ⭕ Turnhose
- ⭕ Turnlose

- ⭕ Klettergericht
- ⭕ Kettengerüst
- ⭕ Klettergerüst
- ⭕ Klettergrieß

- ⭕ Telefontuch
- ⭕ Teflonbuch
- ⭕ Tellerfonbuch
- ⭕ Telefonbuch

- ⭕ Autohuhn
- ⭕ Autohahn
- ⭕ Autobahn
- ⭕ Autobein

- ⭕ Tantenkiller
- ⭕ Tintenkiller
- ⭕ Tintenschnuller
- ⭕ Tortenkiller

- ⭕ Schafanzug
- ⭕ Schlafanflug
- ⭕ Schleifenzug
- ⭕ Schlafanzug

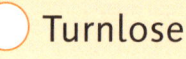

Setze in jedem Satz ein passendes Wort ein.

Wieder schreibst du immer mit ie, wenn etwas noch einmal geschieht.

Im Fernsehen kommt heute eine _____ der Tiersendung.

Martinas Freundinnen wollen sie als Klassensprecherin _____.

Paul will unbedingt seinen Kuschelhasen _____.

Feuerwehrleute machen oft Übungen zur _____.

Bis zur _____ der Bäckerei dauert es noch eine Weile.

Hoffentlich werden sich Alina und Julia irgendwann _____.

Oleg und Valerie konnten ihren Opa fast nicht _____.

wiedererkennen   Wiederholung   Wiederbelebung   wiederfinden

wiedersehen   wiederwählen   Wiedereröffnung

wieder

13

> Der Buchstabe **v** kann ganz verschieden klingen.
> Manchmal spricht man ihn wie ein **w** aus, manchmal wie ein **f**.

1 Unterstreiche alle Wörter, in denen das **v** wie ein w klingt, rot.
Unterstreiche alle Wörter, in denen das **v** wie ein f klingt, blau.

Die Venus ist ein Nachbarplanet der Erde. Die Großeltern und Urgroßeltern sind unsere Vorfahren. Aus einem Vulkan kann Asche und Lava kommen. Zu Karneval und Fasching wollen sich manche Leute verrückt anziehen. Dem Vater geht das laute Geschrei ziemlich auf die Nerven. Mitten in der Kurve ist das Ventil vom Fahrrad gebrochen. Wer vorsichtig ist, steckt sich nicht so leicht mit einem Virus an.

2 Ordne alle Wörter richtig ein.

V klingt wie w:

V klingt wie f:

14

1 Schreibe die acht Wörter auf.

Diese kleinen Wörter schreibt man immer mit v. Du musst sie dir gut merken.

| von | voll | viel | vor | vorne | wovon | völlig | wovor |

2 Setze das passende Wort in die Lücke ein.

Wer ist _____ mir dran?

Darf ich _____ sitzen?

Ich habe zu _____ im Schulranzen.

_____ träumst du?

_____ hat der Hund Angst?

Das ist doch _____ klar!

Ist die Flasche noch _____?

Ich habe das Buch _____ meiner Schwester.

1 Ergänze in jedem Satz das Verb mit dem Wortbaustein **vor-** oder **ver-**.

In der Schule stellt die Lehrerin viele Fragen.

Hast du schon wieder die Hausaufgaben [____]gessen?

Wer möchte das Gedicht [____]lesen?

Wollt ihr für unseren Spielenachmittag etwas [____]schlagen?

Kannst du lauter sprechen? Sonst kann ich dich nicht [____]stehen.

Wollt ihr das Experiment in Gruppen [____]suchen?

Wie könnt ihr denn nur eure Schuhe [____]wechseln?

Würdet ihr bitte noch die Unterschrift der Eltern [____]zeigen?

Das wird hoffentlich nicht wieder [____]kommen!

> vor und ver
> schreibt jeder Herr
> und jede Frau
> mit Vogel-v!

2 Schreibe die ganzen Wörter in die richtige Linie.

vor- : [_____]

[_____]

ver- : [_____]

[_____]

16

Auch Nomen haben oft die Wortbausteine **Vor-** und **Ver-**.

1 Unterstreiche im Text alle Wörter mit **Vor-** und mit **Ver-**.
Entscheide, wie man sich verhalten sollte und wie nicht.

	☺	☹
ein Versprechen halten		
mit Verspätung zur Schule kommen		
den ganzen Vormittag auf dem Schulhof spielen		
die Vorschriften im Verkehr genau beachten		
jemanden um Verzeihung bitten		
ohne Vorsicht über die Straße gehen		

2 Ordne die Wörter richtig ein.

Wörter mit **Vor-**: der

Wörter mit **Ver-**: das

17

1 In den Sätzen sind die Farben vertauscht.
Schreibe rechts die richtigen Farben auf.

Welches Wort passt besser?

Die Lippen der Tänzerin waren moosgrün.

Die Braut trug ein meerblaues Kleid.

Die Gänseblümchen standen im schneeweißen Gras.

Der große Badesee hatte eine erdbeerrote Farbe.

2 Setze in jedem Satz ein passendes Wort ein.

Mit einer _____ kannst du Obst und Gemüse abwiegen.

Auf einem _____ kannst du Gemüse oder Blumen züchten.

Die _____ im Märchen hat oft Zauberkräfte.

Im _____ kannst du Tiere aus anderen Ländern sehen.

Das Hochzeitsfest findet in einem großen _____ statt.

Viele Erwachsene und viele Kinder trinken gerne _____.

| Tee | Fee | Zoo | Waage | Beet | Saal |

18

Bilde aus den Wörtern zusammengesetzte Nomen.
Schreibe sie auf die richtige Linie.

Zusammengesetzte Nomen haben nur am Anfang einen großen Buchstaben.

| Ruder | Fest | Kräuter | Blumen | Bade |

| Hochzeits | Kunst | Wurf |

| Saal | Tee | Boot | See | Schnee |

| Speer | Beet | Paar |

Wörter mit **aa**: der

Wörter mit **ee**: der

Wörter mit **oo**: das

19

Manche Wörter klingen gleich, werden aber anders geschrieben. Sie bedeuten auch etwas anderes.

Gut merken!

Lied (Musik)	Wal (Meerestier)	Rad (am Auto)	Seite (im Buch)
Lid (am Auge)	Wahl (Entscheidung)	Rat (Tipp)	Saite (an der Gitarre)

Setze die Wörter richtig ein.

Aus den Wellen tauchte plötzlich ein großer _____ auf.

Bei der letzten _____ wurde der Klassensprecher gewählt.

Könntest du mir einen guten _____ geben?

An unserem Auto wird ein _____ gewechselt.

An diesem Instrument ist gestern eine _____ gerissen.

Leider wurde im Buch eine _____ herausgerissen.

Die Tänzerin hatte ihre _____ blau geschminkt.

Die Kinder sangen im Bus fröhliche _____.

20

Setze auch diese gleich klingenden Wörter richtig ein.

> Mann (männlicher Mensch)
> man (jemand, jeder)

> seit (Zeitdauer)
> seid (ihr seid, Personalform von sein)

Aus welcher Richtung kam der _____ ?

Was muss _____ bei dieser Aufgabe machen?

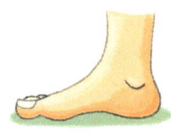

Im Sommer kann _____ barfuß in Sandalen laufen.

Der _____ da drüben wohnt in unserer Straße.

Auf dieser Baustelle wird schon _____ Monaten gearbeitet.

Hoffentlich _____ ihr rechtzeitig wieder da.

Bei der Aufführung _____ ihr die letzte Gruppe.

Messer aus Eisen gibt es schon _____ dreitausend Jahren.

Viel Spaß!

Finde zwei Pärchen mit gleichen Buchstaben.
Male eins **rot** und eins **blau** an.

ZYZ

BCA

CBA

ADG

ZYX

ABC

XYZ

XSY

ADC

BAC

ACB

ABC

XZY

YZX

ZXY

YXZ

BCD

XYZ

ABG

XYS

Panel 1 — Silbenkönige finden

> In diesem Heft kannst du viele Wörter üben, die du dir merken musst.

Die Silbenkönige sind dabei wichtig!

Finde heraus, welche Tiere das sind.
Schreibe sie richtig und verbinde sie zum richtigen Bild.

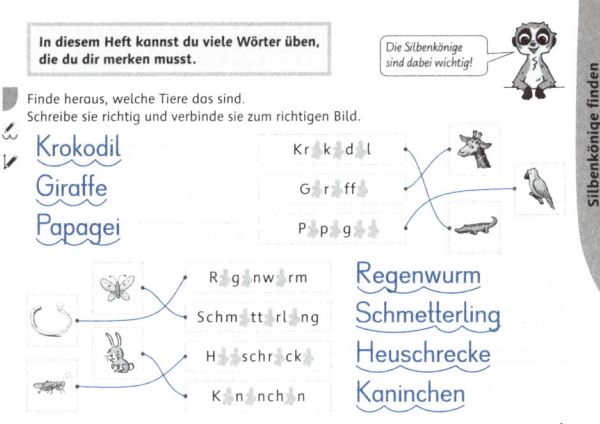

Krokodil — Kr_k_d_l
Giraffe — G_r_ff_
Papagei — P_p_g_i

R_g_nw_rm — **Regenwurm**
Schm_tt_rl_ng — **Schmetterling**
H__schr_ck_ — **Heuschrecke**
K_n_nch_n — **Kaninchen**

Panel 2 — Wörter mit ä

Unterstreiche alle Merkwörter mit **ä** und ordne sie richtig ein.

Käfer mögen Pflanzenteile oder kleine Insekten.
Im Märchen weint die Schneekönigin keine Träne.
Der Hahn kräht. Der Vater mäht den Rasen.
Manche Kinder ärgern gern ihre Geschwister.
Während der Pause wollen die Kinder auch mal Lärm machen.
Im März kommt die Dämmerung früher als im Juni.
Das kleine Mädchen besucht die Affen im Käfig.
Nicht alle Kinder essen gern Käse.

4 Buchstaben: **mäht, Lärm, März, Käse**

5 Buchstaben: **Käfer, Träne, kräht, Käfig**

6 oder mehr Buchstaben: **Märchen, ärgern, während, Dämmerung, Mädchen**

Panel 3 — Wörter mit ä

Kannst du alle Fragen beantworten?
Verwende die Wörter von Seite 2.

Na, das ist ja leicht.

Wie nennt man die Zeit zwischen Tag und Nacht? — **Dämmerung**
Wie nennt man eine ausgedachte Geschichte? — **Märchen**
Welches ist der dritte Monat im Jahr? — **März**
Welche Insekten können krabbeln und fliegen? — **Käfer**
Wie nennt man Kinder, die keine Jungen sind? — **Mädchen**
Welche Speise wird aus Milch gemacht? — **Käse**
Was kommt aus den Augen, wenn man weint? — **Tränen**
Wie heißt ein anderes Wort für Krach? — **Lärm**
Worin schläft dein Hamster oder Meerschweinchen? — **Käfig**

Panel 4 — Wörter mit ß

Unterstreiche alle Wörter mit **ß**. Schreibe alle Wörter noch einmal auf.

ß steht nur nach langem Selbstlaut. Au, ei, eu und ie sind auch lange Selbstlaute.

Draußen war es ziemlich heiß. Henri und seiner Schwester lief der Schweiß von der Stirn. Sie saßen schon eine Weile beim Essen. Es gab Grießbrei mit Himbeeren. Henri konnte es aber heute nicht wirklich genießen, es schmeckte scheußlich. Aber zum Glück war die Soße sehr lecker. Leider ließ er davon etwas auf seinen Schoß fallen. Nun musste er sich umziehen. Das machte keinen Spaß. Aber zuerst aß er die restliche Soße auf.

Draußen, heiß, Schweiß, saßen, Grießbrei, genießen, scheußlich, Soße, ließ, Schoß, Spaß, aß, Soße

1 In jeder Reihe passt ein Wort nicht zu den anderen.
Male die passenden Wörter der Wortfamilie an und streiche das falsche durch.

die Großeltern | groß | vergrößern | begräßen | die Größe

der Fußgänger | barfuß | die Fußsohle | der Tausendfüßler | das Floß

abschließen | das Schließfach | schließen | schließlich | beschließen

2 Schreibe jede Wortfamilie noch einmal auf.

groß: die Großeltern, groß, vergrößern, die Größe
Fuß: der Fußgänger, barfuß, Fußsohle, der Tausendfüßler
schließen: abschließen, das Schließfach, schließlich, beschließen

5

1 Finde die Reimwörter. Male das **ß** an.

fließen / gießen | reißen / beißen | der Fuß / der Gruß | weiß / heiß

2 Schreibe die Wörter in die Kästchen mit der richtigen Farbe.

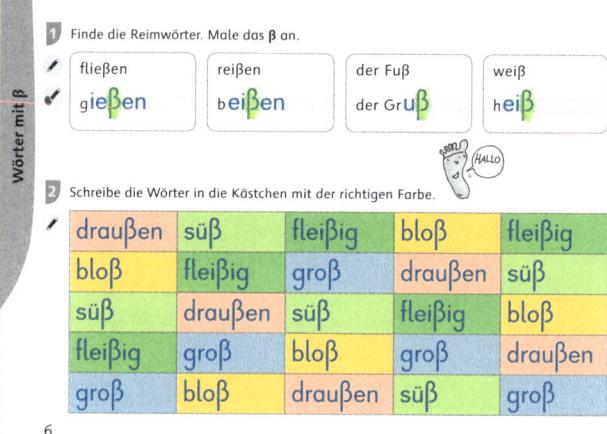

draußen	süß	fleißig	bloß	fleißig
bloß	fleißig	groß	draußen	süß
süß	draußen	süß	fleißig	bloß
fleißig	groß	bloß	groß	draußen
groß	bloß	draußen	süß	groß

6

Setze in jeden Satz das passende Wort mit **h** ein.

> Das h zeigt dir, dass der Selbstlaut lang ist.

Wenn etwas nicht gelogen ist, dann ist es **wahr** .
Wenn eine Nuss keinen Kern enthält, dann ist sie **hohl** .
Wenn jemand erleichtert und glücklich ist, dann ist er **froh** .
Wenn jemand keine Haare auf dem Kopf hat, dann ist er **kahl** .
Wenn etwas nicht weit entfernt ist, dann ist es **nah** .
Wenn eine Kartoffel noch nicht gekocht ist, dann ist sie **roh** .
Wenn ein Körperteil schmerzt, dann tut es **weh** .
Wenn sich jemand zufrieden und gut fühlt, dann fühlt er sich **wohl** .
Wenn etwas nicht richtig kalt ist, dann ist es **kühl** .

nah | wahr | kahl | kühl | froh | hohl | weh | wohl | roh

7

> Zu einer **Wortfamilie** gehören alle Wörter mit demselben **Wortstamm**. Der Wortstamm wird meistens gleich geschrieben. Manchmal verändert sich **a zu ä**.

> Zum Beispiel bohren, Bohrmaschine, gebohrt, Bohrer

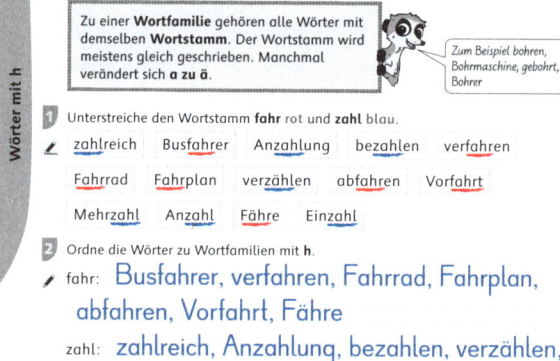

1 Unterstreiche den Wortstamm **fahr** rot und **zahl** blau.

zahlreich | Busfahrer | Anzahlung | bezahlen | verfahren
Fahrrad | Fahrplan | verzählen | abfahren | Vorfahrt
Mehrzahl | Anzahl | Fähre | Einzahl

2 Ordne die Wörter zu Wortfamilien mit **h**.

fahr: Busfahrer, verfahren, Fahrrad, Fahrplan, abfahren, Vorfahrt, Fähre
zahl: zahlreich, Anzahlung, bezahlen, verzählen, Mehrzahl, Anzahl, Einzahl

8

1 In der Wörterschlange stecken Verben mit **h**. Trenne sie ab.

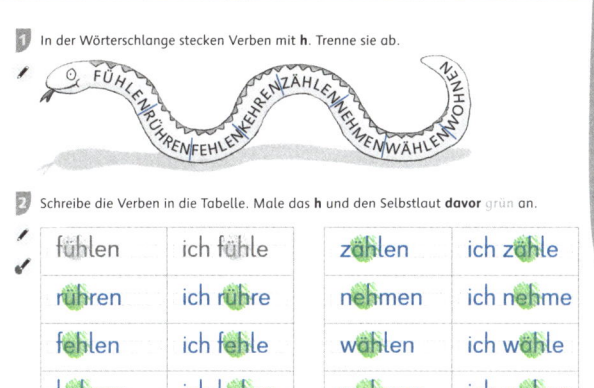

FÜHLEN|RÜHREN|FEHLEN|KEHREN|ZÄHLEN|NEHMEN|WÄHLEN|WOHNEN

2 Schreibe die Verben in die Tabelle. Male das **h** und den Selbstlaut **davor** grün an.

fühlen	ich fühle	zählen	ich zähle
rühren	ich rühre	nehmen	ich nehme
fehlen	ich fehle	wählen	ich wähle
kehren	ich kehre	wohnen	ich wohne

9

---

1 Unterstreiche im Text alle Wörter mit **Dehnungs-h**.

Bald ist Mitternacht. Dann beginnt das neue Jahr. Mehrere Gäste blicken gespannt auf die Uhr. Martin steht auf einem Stuhl und zählt laut die Sekunden. Dann ist es so weit. Draußen beginnt das Feuerwerk. Alle gehen vor die Tür und sehen zu. Sie rufen fröhlich und umarmen sich. Nur Robin muss ein bisschen gähnen, denn er ist sehr müde.

2 Ordne die unterstrichenen Wörter richtig in die Tabelle ein.

Wörter mit ah und äh	Wörter mit eh	Wörter mit oh, öh und uh
das Jahr	mehrere	die Uhr
zählt	steht	der Stuhl
gähnen	gehen	fröhlich
	sehen	
	sehr	

10

Übe besonders diese kleinen Wörter, denn sie kommen oft vor.
Setze sie in den Sätzen richtig ein. Verwende jedes Wort zweimal.

ohne   sehr   mehr   zehn

Zum Klavierspielen braucht man alle **zehn** Finger.

Man darf nicht **ohne** Fahrschein mit der Bahn fahren.

In der Klasse 3a können **mehr** Kinder schwimmen als in der 3b.

Die kleinste Zahl mit zwei Ziffern ist die **zehn**.

Oma und Opa haben sich **sehr** auf unseren Besuch gefreut.

Leider gibt es beim Zirkus keine Freikarten **mehr**.

Nachts kann man **ohne** Licht nicht lesen.

Zu dem Theaterstück kamen wirklich **sehr** viele Leute.

11

Viel Spaß!

1 Was gibt es wirklich?

- ( ) Turmhose ( ) Turndose (✗) Turnhose ( ) Turnlose
- ( ) Klettergericht ( ) Kettengerüst (✗) Klettergerüst ( ) Klettergrieß
- ( ) Telefontuch ( ) Teflonbuch ( ) Tellerfonbuch (✗) Telefonbuch
- ( ) Autohuhn ( ) Autohahn (✗) Autobahn ( ) Autobein
- ( ) Tantenkiller (✗) Tintenkiller ( ) Tintenschnuller ( ) Tortenkiller
- ( ) Schafanzug ( ) Schlafanflug ( ) Schleifenzug (✗) Schlafanzug

12

Page 13

Setze in jedem Satz ein passendes Wort ein.

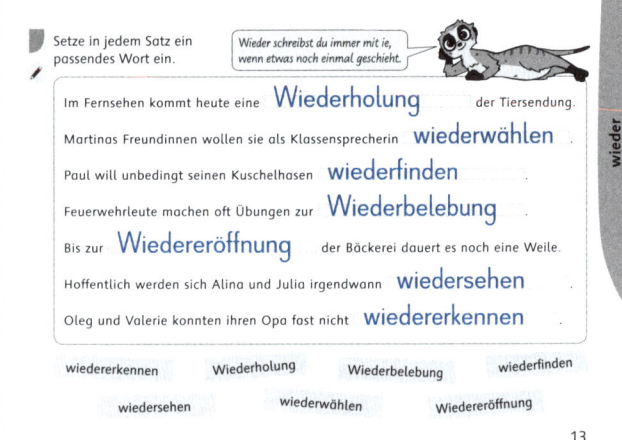

Wieder schreibst du immer mit ie, wenn etwas noch einmal geschieht.

Im Fernsehen kommt heute eine **Wiederholung** der Tiersendung.

Martinas Freundinnen wollen sie als Klassensprecherin **wiederwählen**

Paul will unbedingt seinen Kuschelhasen **wiederfinden**

Feuerwehrleute machen oft Übungen zur **Wiederbelebung**

Bis zur **Wiedereröffnung** der Bäckerei dauert es noch eine Weile.

Hoffentlich werden sich Alina und Julia irgendwann **wiedersehen**

Oleg und Valerie konnten ihren Opa fast nicht **wiedererkennen**

wiedererkennen Wiederholung Wiederbelebung wiederfinden

wiedersehen wiederwählen Wiedereröffnung

(Randbeschriftung: wieder)

13

Page 14

(Randbeschriftung: Wörter mit v/V)

Der Buchstabe **v** kann ganz verschieden klingen.
Manchmal spricht man ihn wie ein **w** aus, manchmal wie ein **f**.

1 Unterstreiche alle Wörter, in denen das **v** wie ein w klingt, rot.
Unterstreiche alle Wörter, in denen das **v** wie ein f klingt, blau.

Die Venus ist ein Nachbarplanet der Erde. Die Großeltern und Urgroßeltern sind unsere Vorfahren. Aus einem Vulkan kann Asche und Lava kommen. Zu Karneval und Fasching wollen sich manche Leute verrückt anziehen. Dem Vater geht das laute Geschrei ziemlich auf die Nerven. Mitten in der Kurve ist das Ventil vom Fahrrad gebrochen. Wer vorsichtig ist, steckt sich nicht so leicht mit einem Virus an.

2 Ordne alle Wörter richtig ein.

V klingt wie w: Venus, Vulkan, Lava, Karneval, Kurve, Ventil, Virus

V klingt wie f: Vorfahren, verrückt, Vater, Nerven, vorsichtig

14

Page 15

1 Schreibe die acht Wörter auf.

Diese kleinen Wörter schreibt man immer mit v. Du musst sie dir gut merken.

von voll viel vor vorne wovon völlig wovor

von, voll, viel, vor, vorne, wovon, völlig, wovor

2 Setze das passende Wort in die Lücke ein.

Wer ist **vor** mir dran?

Darf ich **vorne** sitzen?

Ich habe zu **viel** im Schulranzen.

Wovon träumst du?

Wovor hat der Hund Angst?

Das ist doch **völlig** klar!

Ist die Flasche noch **voll**?

Ich habe das Buch **von** meiner Schwester.

(Randbeschriftung: Wörter mit v)

15

Page 16

(Randbeschriftung: Wortbausteine vor- und ver-)

1 Ergänze in jedem Satz das Verb mit dem Wortbaustein **vor-** oder **ver-**.

vor und ver schreibt jeder Herr und jede Frau mit Vogel-v!

In der Schule stellt die Lehrerin viele Fragen.
Hast du schon wieder die Hausaufgaben **ver**gessen?
Wer möchte das Gedicht **vor**lesen?
Wollt ihr für unseren Spielenachmittag etwas **vor**schlagen?
Kannst du lauter sprechen? Sonst kann ich dich nicht **ver**stehen.
Wollt ihr das Experiment in Gruppen **ver**suchen?
Wie könnt ihr denn nur eure Schuhe **ver**wechseln?
Würdet ihr bitte noch die Unterschrift der Eltern **vor**zeigen?
Das wird hoffentlich nicht wieder **vor**kommen!

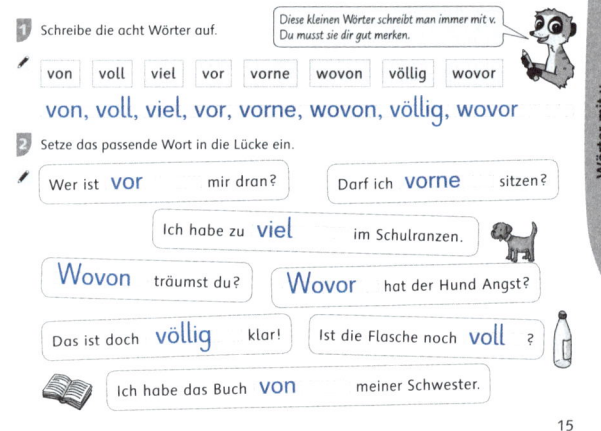

2 Schreibe die ganzen Wörter in die richtige Linie.

vor-: vorlesen, vorschlagen, vorzeigen, vorkommen

ver-: vergessen, verstehen, versuchen, verwechseln

16

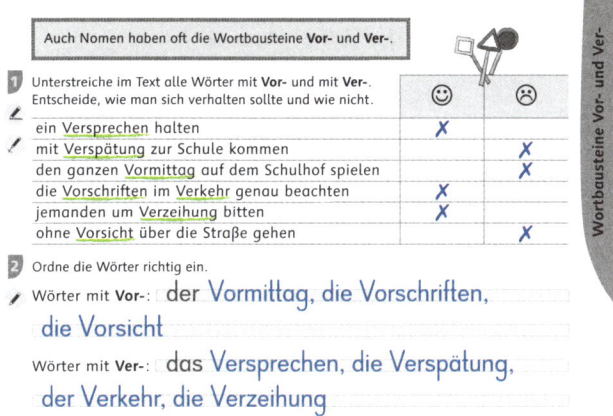

Auch Nomen haben oft die Wortbausteine Vor- und Ver-.

1 Unterstreiche im Text alle Wörter mit Vor- und mit Ver-.
Entscheide, wie man sich verhalten sollte und wie nicht.

	☺	☹
ein Versprechen halten	X	
mit Verspätung zur Schule kommen		X
den ganzen Vormittag auf dem Schulhof spielen		X
die Vorschriften im Verkehr genau beachten	X	
jemanden um Verzeihung bitten	X	
ohne Vorsicht über die Straße gehen		X

2 Ordne die Wörter richtig ein.

Wörter mit Vor-: der Vormittag, die Vorschriften, die Vorsicht

Wörter mit Ver-: das Versprechen, die Verspätung, der Verkehr, die Verzeihung

Wortbausteine Vor- und Ver-

17

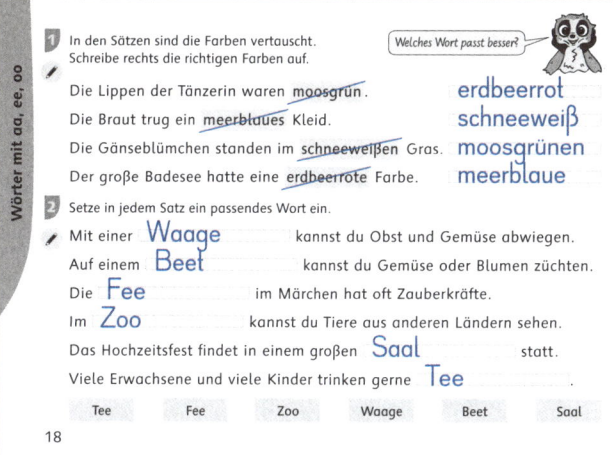

1 In den Sätzen sind die Farben vertauscht.
Schreibe rechts die richtigen Farben auf.

Welches Wort passt besser?

Die Lippen der Tänzerin waren moosgrün.

Die Braut trug ein meerblaues Kleid.

Die Gänseblümchen standen im schneeweißen Gras.

Der große Badesee hatte eine erdbeerrote Farbe.

erdbeerrot
schneeweiß
moosgrünen
meerblaue

2 Setze in jedem Satz ein passendes Wort ein.

Mit einer Waage kannst du Obst und Gemüse abwiegen.

Auf einem Beet kannst du Gemüse oder Blumen züchten.

Die Fee im Märchen hat oft Zauberkräfte.

Im Zoo kannst du Tiere aus anderen Ländern sehen.

Das Hochzeitsfest findet in einem großen Saal statt.

Viele Erwachsene und viele Kinder trinken gerne Tee.

| Tee | Fee | Zoo | Waage | Beet | Saal |

Wörter mit aa, ee, oo

18

Bilde aus den Wörtern zusammengesetzte Nomen.
Schreibe sie auf die richtige Linie.

Zusammengesetzte Nomen haben nur am Anfang einen großen Buchstaben.

| Ruder | Fest | Kräuter | Blumen | Bade |
| Hochzeits | Kunst | Wurf | | |

| Saal | Tee | Boot | See | Schnee |
| Speer | Beet | Paar | | |

Wörter mit aa: der Festsaal, das Hochzeitspaar

Wörter mit ee: der Kräutertee, der Badesee, der Neuschnee, der Wurfspeer, das Blumenbeet

Wörter mit oo: das Ruderboot

Wörter mit aa, ee, oo

19

Manche Wörter klingen gleich, werden aber anders geschrieben. Sie bedeuten auch etwas anderes.

Gut merken!

| Lied (Musik) Lid (am Auge) | Wal (Meerestier) Wahl (Entscheidung) | Rad (am Auto) Rat (Tipp) | Seite (im Buch) Saite (an der Gitarre) |

Setze die Wörter richtig ein.

Aus den Wellen tauchte plötzlich ein großer Wal auf.
Bei der letzten Wahl wurde der Klassensprecher gewählt.

Könntest du mir einen guten Rat geben?
An unserem Auto wird ein Rad gewechselt.

An diesem Instrument ist gestern eine Saite gerissen.
Leider wurde im Buch eine Seite herausgerissen.

Die Tänzerin hatte ihre Lider blau geschminkt.
Die Kinder sangen im Bus fröhliche Lieder.

Gleich klingende Wörter

20

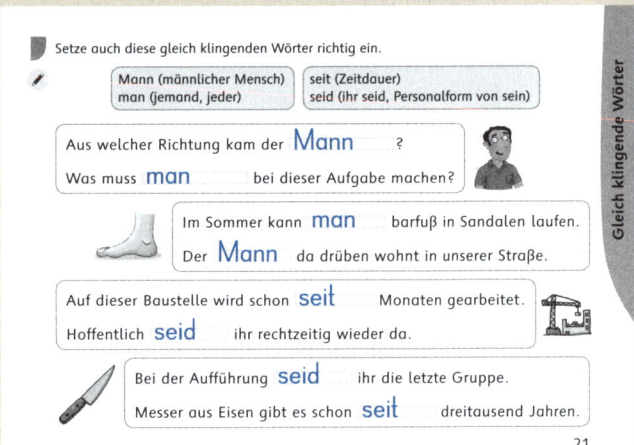

Setze auch diese gleich klingenden Wörter richtig ein.

Mann (männlicher Mensch)
man (jemand, jeder)

seit (Zeitdauer)
seid (ihr seid, Personalform von sein)

Aus welcher Richtung kam der **Mann** ?

Was muss **man** bei dieser Aufgabe machen?

Im Sommer kann **man** barfuß in Sandalen laufen.

Der **Mann** da drüben wohnt in unserer Straße.

Auf dieser Baustelle wird schon **seit** Monaten gearbeitet.

Hoffentlich **seid** ihr rechtzeitig wieder da.

Bei der Aufführung **seid** ihr die letzte Gruppe.

Messer aus Eisen gibt es schon **seit** dreitausend Jahren.

Gleich klingende Wörter

21

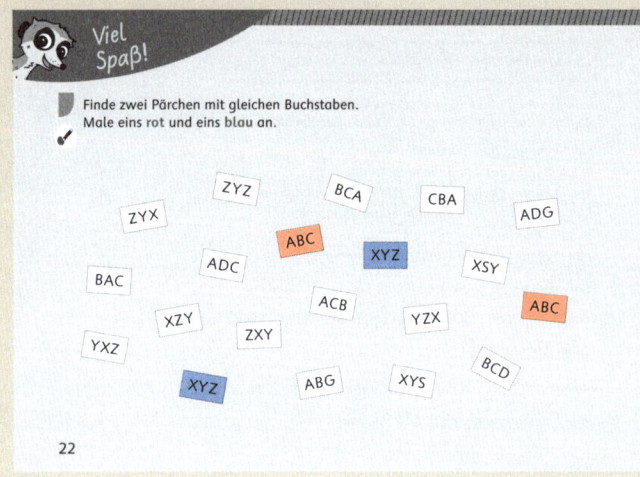

Finde zwei Pärchen mit gleichen Buchstaben.
Male eins rot und eins blau an.

ZYX ZYZ BCA CBA ADG
ABC XYZ XSY
BAC ADC ACB YZX ABC
YXZ XZY ZXY
XYZ ABG XYS BCD

22

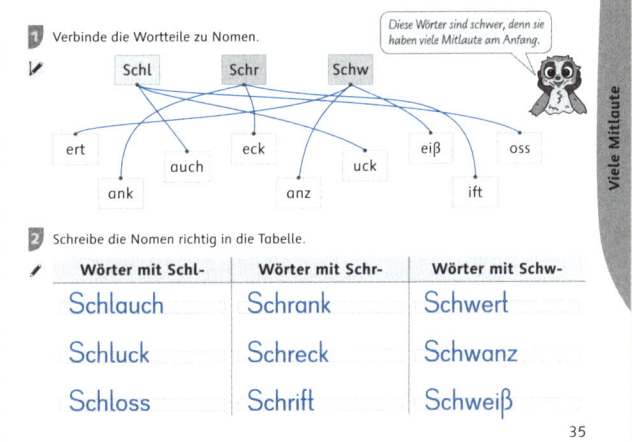

1 Verbinde die Wortteile zu Nomen.

Diese Wörter sind schwer, denn sie haben viele Mitlaute am Anfang.

Schl Schr Schw

ert auch eck uck eiß oss
ank anz ift

2 Schreibe die Nomen richtig in die Tabelle.

Wörter mit Schl-	Wörter mit Schr-	Wörter mit Schw-
Schlauch	Schrank	Schwert
Schluck	Schreck	Schwanz
Schloss	Schrift	Schweiß

Viele Mitlaute

35

Viele Mitlaute

Setze zu jedem Verb die Wortbausteine **vor-** oder **ver-** dazu. Schreibe die Wörter nochmals in der Grundform auf.

Diese Wörter haben viele Mitlaute in der Mitte.

Letztes Jahr hat sich Theo als Indianer **ver**kleidet.

Larissa hat schon alle ihre Farben **ver**braucht.

Danilo wollte sich mal wieder **vor**drängeln.

Julian hat mit Viktor die Ergebnisse **ver**glichen.

Im Klassenzimmer ist ein wichtiges Buch **ver**schwunden.

Mama hat den Kindern einen Ausflug **ver**sprochen.

Maren möchte ein neues Thema **vor**schlagen.

Der junge Hamster hat sich in seinem Nest **ver**krochen.

Grundform
verkleiden
verbrauchen
vordrängeln
vergleichen
verschwinden
versprechen
vorschlagen
verkriechen

36

28

Exercise 37 (Viele Mitlaute)

Schreibe die zusammengesetzten Nomen auf.
Dabei treffen zwei gleiche Mitlaute aufeinander.
Male sie bunt an.

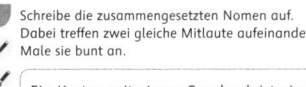

Das sieht ja wirklich etwas merkwürdig aus.

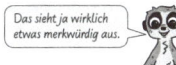

Ein Karton mit einem Geschenk ist ein **Geschenkkarton**.

Das Zeichen am Ende vom Satz nennt man **Satzzeichen**.

Die Tasche, die dem Arzt gehört, ist seine **Arzttasche**.

Ein Kuchen mit Quark ist ein **Quarkkuchen**.

Die Lehne vom Stuhl ist eine **Stuhllehne**.

Knöpfe an einem Rock sind **Rockknöpfe**.

Knödel mit Speck darin nennt man **Speckknödel**.

Eine Pflanze in einem Topf ist eine **Topfpflanze**.

Die Schuppen eines Fischs heißen **Fischschuppen**.

37

Exercise 38 (langes i ohne ie)

Wörter mit **langem i** schreibt man meistens mit **ie**.
Aber manchmal schreibt man auch bei langem i nur i.

Finde für jeden Satz das passende Wort. Male in allen Wörtern das **lange i** an.

ein Raubtier, das in Asien lebt und auffällig gestreift ist: **der Tiger**

ein Mittel zur Heilung von Krankheiten: **die Medizin**

abrutschender Schnee an einem Berg: **die Lawine**

Melodien, Klänge und Geräusche: **die Musik**

wichtige Nährstoffe, die jeder zum Leben braucht: **die Vitamine**

ein Zeitpunkt für eine Verabredung oder Besprechung: **der Termin**

ein Treibstoff für Motoren von Autos und Motorrädern: **das Benzin**

der zerfallene Rest von einem Haus oder einer Burg: **die Ruine**

Musik   Lawine   Termin   Tiger   Medizin   Vitamine   Ruine   Benzin

38

Exercise 39 (langes i ohne ie)

Setze das passende Wort in die Lücke ein.

mir   dir   wir

Auch in diesen Wörtern wird das lange i nur mit einfachem i geschrieben.

Weißt du, wo Sofia ist?
Eigentlich wollten **wir** zusammen Fahrrad fahren.

Hat sie **dir** gesagt, dass sie kommen will?

Ja, sie hat es **mir** versprochen.

Ich kann ja hier mit **dir** warten, bis sie kommt.

Oh ja gerne, du kannst so lange bei **mir** bleiben.
Dann fahren **wir** beide eben zusammen.

Gut, dann machen **wir** ein Wettrennen!
Ich gebe **dir** einen Vorsprung.

Du wirst mich sowieso nicht einholen. Da bin ich **mir** ganz sicher!

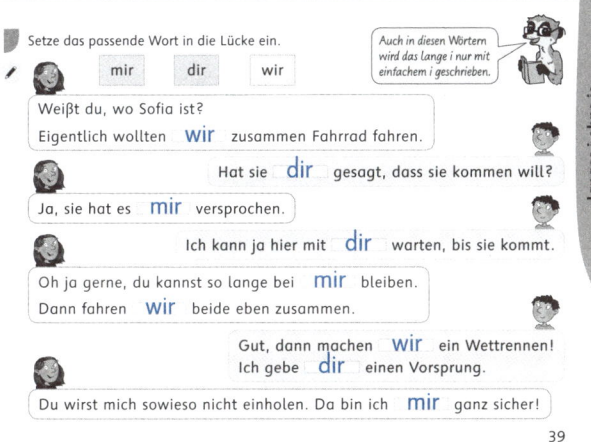

39

Exercise 40 (Wörter mit x)

Der Buchstabe **x** kommt nur in wenigen Wörtern vor.
Finde für jeden Satz ein passendes Wort.

Katharina muss zum Zahnarzt. Sie geht in die **Praxis**.

Valentin will ein Wort finden. Er sucht im **Lexikon**.

Daniel kennt sich bei Sauriern gut aus. Er ist ein **Experte**.

Silvia hat ihr Plakat fast fertig.
Sie schreibt jetzt noch den **Text**.

Chris spielt ein gebogenes Blasinstrument.
Es ist ein **Saxofon**.

Rodrigo spricht spanisch. Er kommt aus **Mexiko**.

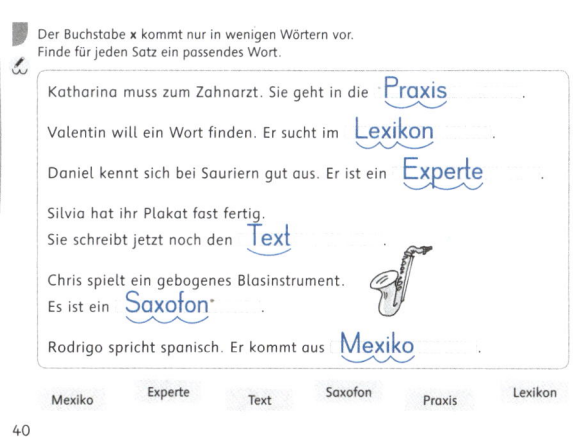

Mexiko   Experte   Text   Saxofon   Praxis   Lexikon

40

Schreibe die Wörter in alle Kästchen mit derselben Farbe.

ganz	ziemlich	jetzt	bisschen	nämlich
plötzlich	dann	vielleicht	plötzlich	ganz
nämlich	ganz	bisschen	jetzt	ziemlich
ziemlich	jetzt	dann	ganz	vielleicht
vielleicht	bisschen	nämlich	ziemlich	plötzlich
jetzt	plötzlich	ganz	dann	bisschen
dann	nämlich	ziemlich	vielleicht	jetzt
bisschen	vielleicht	plötzlich	nämlich	dann

41

Wortbausteine können Wörter verändern oder ihnen eine neue Bedeutung geben.

Manchmal musst du dabei besonders auf ihre Rechtschreibung achten.

Bilde Verben mit den Wortbausteinen ab-, auf- und aus-.
Schreibe sie auf die Linien.
Male den doppelten Mitlaut in jedem Wort an.

ab	auf	aus

| biegen | beißen | fordern | führen | steigen | schalten |

| brechen | fangen | schneiden |

ab: abbiegen, abbeißen, abbrechen

auf: auffordern, aufführen, auffangen

aus: aussteigen, ausschalten, ausschneiden

42

Welche Verben gibt es wirklich?
Ein Wort in jeder Linie ist falsch.
Schreibe die richtigen Wörter in die Tabelle.

| er- | raten | reichen | rutschen | richten |

| be- | essen | eilen | enden | ehren |

Grundform	ich-Form	du-Form
erraten	ich errate	du errätst
erreichen	ich erreiche	du erreichst
errichten	ich errichte	du errichtest
beeilen	ich beeile	du beeilst
beenden	ich beende	du beendest
beehren	ich beehre	du beehrst

43

Viel Spaß!

Löse die Rätsel und schreibe unten die Lösung an die richtige Stelle.

Zeichnung des Tieres:

Ich lebe in großen Hügeln mit vielen anderen zusammen. Ich kann Dinge tragen, die schwerer sind als ich selbst, und ich habe eine Königin. Ich bin eine Ameise

Ich habe rotbraunes Fell und einen buschigen Schwanz. Meine Wohnung ist auf Bäumen. Für den Winter verstecke ich Nüsse. Ich bin ein Eichhörnchen

Ich kann fliegen. Und ich klopfe gern an Bäume, um meine Nahrung zu finden. Meine Federn sind schwarz, weiß und rot. Ich bin ein Specht

Ich bin größer als alle anderen und habe ein prächtiges Geweih. Trotzdem bin ich ein Pflanzenfresser. Oft kämpfe ich gegen Rivalen. Ich bin ein Hirsch

44

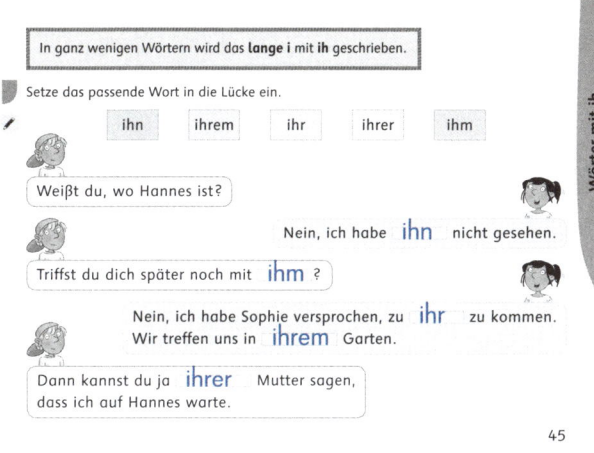

In ganz wenigen Wörtern wird das **lange i** mit **ih** geschrieben.

Setze das passende Wort in die Lücke ein.

| ihn | ihrem | ihr | ihrer | ihm |

Weißt du, wo Hannes ist?

Nein, ich habe **ihn** nicht gesehen.

Triffst du dich später noch mit **ihm** ?

Nein, ich habe Sophie versprochen, zu **ihr** zu kommen. Wir treffen uns in **ihrem** Garten.

Dann kannst du ja **ihrer** Mutter sagen, dass ich auf Hannes warte.

Wörter mit ih

45

Wortfamilie end-

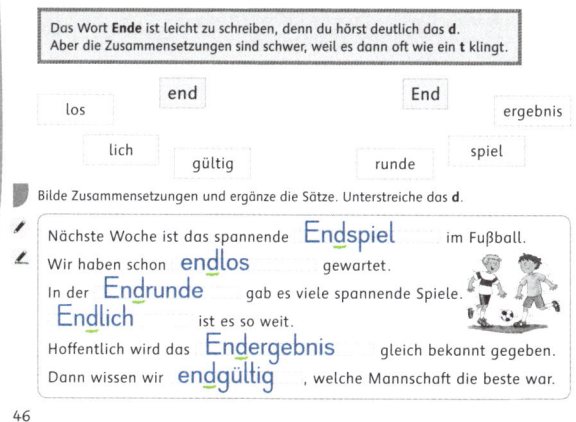

Das Wort **Ende** ist leicht zu schreiben, denn du hörst deutlich das **d**. Aber die Zusammensetzungen sind schwer, weil es dann oft wie ein **t** klingt.

| los | end | End | ergebnis |
| lich | gültig | runde | spiel |

Bilde Zusammensetzungen und ergänze die Sätze. Unterstreiche das **d**.

Nächste Woche ist das spannende **Endspiel** im Fußball.

Wir haben schon **endlos** gewartet.

In der **Endrunde** gab es viele spannende Spiele.

Endlich ist es so weit.

Hoffentlich wird das **Endergebnis** gleich bekannt gegeben.

Dann wissen wir **endgültig** , welche Mannschaft die beste war.

46

---

viel und fiel

Die Wörter **viel** und **fiel** klingen gleich, werden aber anders geschrieben. Sie bedeuten auch etwas anderes.

Viel bedeutet: eine Menge. Es wird mit **v** geschrieben.
Beispiele: viel Glück, viel Obst, viele Freunde

Fiel kommt von fallen. Es wird mit **f** geschrieben.
Beispiele: Er fiel vom Fahrrad. Sie fiel von der Treppe. Der Stift fiel auf den Boden.

Setze in jedem Satz ein: **viel** oder **fiel**.

Debra hat am Wochenende **viel** trainiert.

Die Kinder hatten schon **viel** von der neuen Lehrerin gehört.

Die kleine Katze **fiel** vom Baum direkt auf das Blumenbeet.

Tobias **fiel** in der scharfen Kurve vom Fahrrad.

Die Eltern wünschen Clara vor dem Ausflug „ **Viel** Spaß!"

Mit einem lauten Plumps **fiel** Rodrigo von seinem Stuhl.

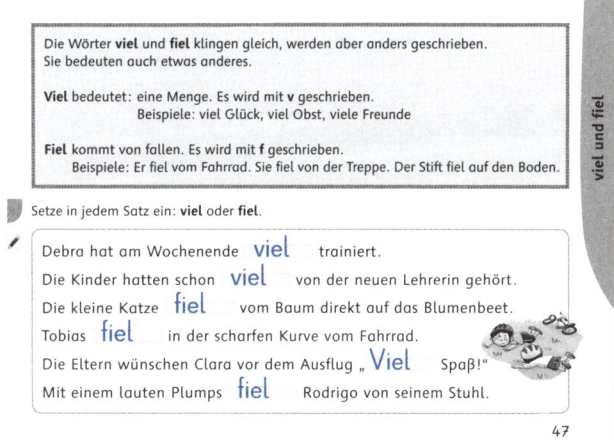

47

Wörter mit y

1 Suche die richtige Antwort und verbinde.

Er hat ein Lasso und ein Pferd.	Ypsilon
Es ist ein Irrgarten.	Gymnastik
Es sind Übungen auf dem Boden.	Cowboy
Es ist ein sehr schneller Zug.	Labyrinth
Es ist der vorletzte Buchstabe im ABC.	Pyramide
Es ist ein gerader schwarzer Hut.	Intercity
Es ist ein altes Bauwerk in Ägypten.	Zylinder

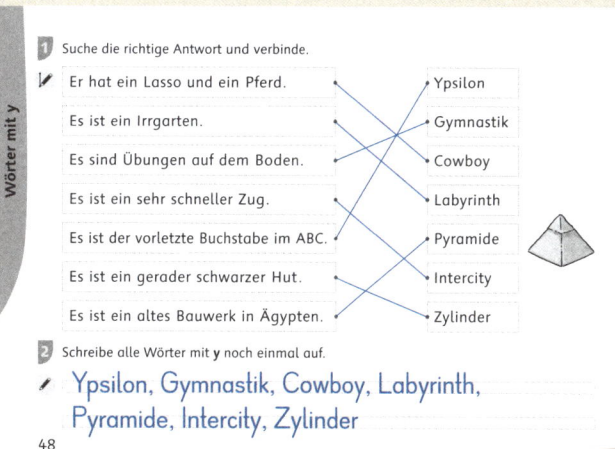

2 Schreibe alle Wörter mit **y** noch einmal auf.

Ypsilon, Gymnastik, Cowboy, Labyrinth, Pyramide, Intercity, Zylinder

48

Lösungen

31

1 Unterstreiche zuerst in allen Sätzen das falsche Wort mit **y**. Schreibe dann das richtige Wort dazu.

So ein Quatsch! Hier ist ja alles falsch!

Ein kleines Pferd ist ein Memory.

Mit einem Teddy kann man telefonieren.

Man hört ein kleines Hobby schreien.

Der Baby gehört zu den Kuscheltieren.

Was man sehr gerne tut, ist ein Pony.

Ein fröhliches Fest ist eine Handy.

Ein Merkspiel mit Karten heißt Party.

Pony
Handy
Baby
Teddy
Hobby
Party
Memory

2 Schreibe alle Wörter mit y noch einmal auf.

Pony, Handy, Baby, Teddy, Hobby, Party, Memory

49

Manche Wörter sind aus anderen Sprachen zu uns gekommen. Oft werden sie anders geschrieben, als man denkt. Man muss sie sich einprägen.

Oft weiß man gar nicht, dass das Wort aus einer anderen Sprache stammt.

Die Kinder treffen sich auf dem Spielplatz. Boris hat seine 🛼 angezogen, und Mareike hat ihr 🛹 mitgebracht. Sie fahren schwierige Strecken. Boris ist der 👕 und gibt die Kommandos. Schon bald haben beide ein verschwitztes 👕. Boris würde am liebsten seine 👖 ausziehen. Da ruft Mareikes Mutter vom Balkon, dass sie nach Hause kommen sollen.

Schreibe die Wörter zu den Bildern. Wie musst du lesen?

SETAKS-ENILNI	Inlineskater
DRAOBETAKS	Skateboard
RENIART	Trainer
TRIHS-T	T-Shirt
SNAEJ	Jeans

50

Heute sind Amelie und Nora mit ihrer Familie ins Restaurant gegangen. Sie dürfen sich bestellen, was sie wollen. Amelie weiß sofort, was sie essen möchte: eine Pizza natürlich!
Nora muss erst überlegen. Dann bestellt sie Pommes frites mit Ketchup. Die Mutter möchte gern Spaghetti mit Käse und Tomatensoße. Der Vater entscheidet sich für Gyros.

Schreibe die Wörter richtig auf.

Im Restaurant

Nora isst eine Pizza

Amelie isst Pommes frites mit Ketchup

Die Mutter bekommt Spaghetti

Der Vater hat Gyros

51

Sven sitzt am Computer. Er hat gerade eine E-Mail bekommen: Morgen fällt der Chor aus. Na gut, dann kann er sich einmal die Theater-AG anschauen. Oder er geht so lange zum Rugby. Mal sehen. Jetzt will er erst noch sein Puzzle fertig machen und danach noch in seinem neuen Comic-Heft lesen.

Alles, was Sven machen will, sind Wörter aus anderen Sprachen. Unterstreiche im Text sieben Wörter. Schreibe sie neben der Erklärung noch einmal auf.

Heft mit Zeichnungen und Text: Comic

Schauspiel-Gruppe: Theater-AG

Spiel mit vielen Teilen zum Zusammensetzen: Puzzle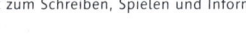

Elektronische Mitteilung: E-Mail

Sing-Gruppe: Chor

Elektronisches Gerät zum Schreiben, Spielen und Informieren: Computer

Spiel mit einem ovalen Ball: Rugby

52

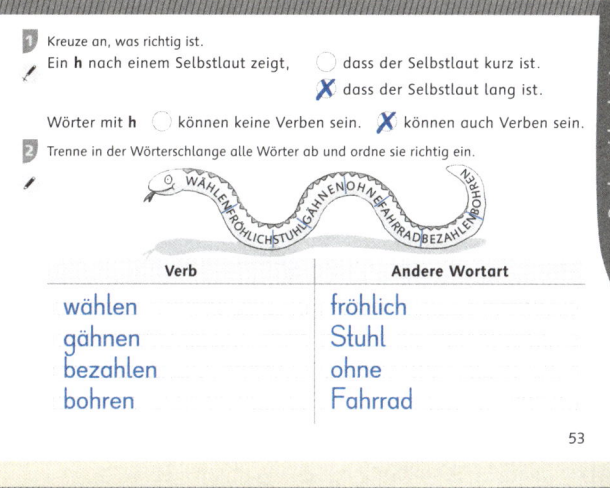

1 Kreuze an, was richtig ist.

Ein **h** nach einem Selbstlaut zeigt, ○ dass der Selbstlaut kurz ist.
✗ dass der Selbstlaut lang ist.

Wörter mit **h** ○ können keine Verben sein. ✗ können auch Verben sein.

2 Trenne in der Wörterschlange alle Wörter ab und ordne sie richtig ein.

WÄHLENFRÖHLICHSTUHLGÄHNENOHNEFAHRRADBEZAHLENBOHREN

Verb	Andere Wortart
wählen	fröhlich
gähnen	Stuhl
bezahlen	ohne
bohren	Fahrrad

53

Das kann ich schon!

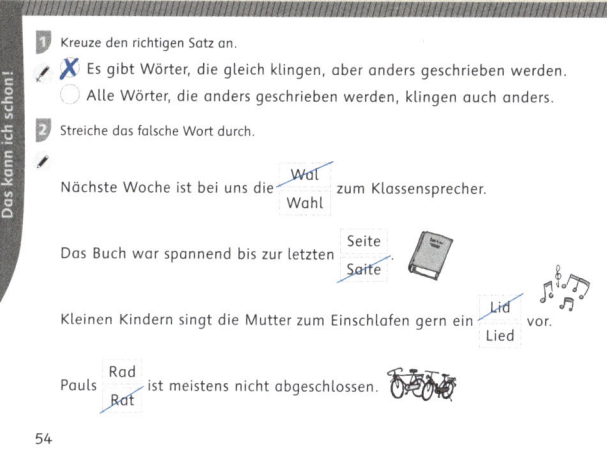

1 Kreuze den richtigen Satz an.

✗ Es gibt Wörter, die gleich klingen, aber anders geschrieben werden.
○ Alle Wörter, die anders geschrieben werden, klingen auch anders.

2 Streiche das falsche Wort durch.

Nächste Woche ist bei uns die ~~Wal~~ / Wahl zum Klassensprecher.

Das Buch war spannend bis zur letzten Seite / ~~Saite~~.

Kleinen Kindern singt die Mutter zum Einschlafen gern ein ~~Lid~~ / Lied vor.

Pauls ~~Rad~~ / Rat ist meistens nicht abgeschlossen.

54

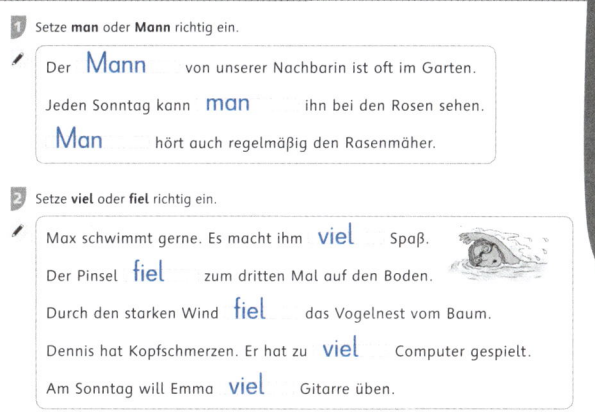

1 Setze **man** oder **Mann** richtig ein.

Der **Mann** von unserer Nachbarin ist oft im Garten.

Jeden Sonntag kann **man** ihn bei den Rosen sehen.

Man hört auch regelmäßig den Rasenmäher.

2 Setze **viel** oder **fiel** richtig ein.

Max schwimmt gerne. Es macht ihm **viel** Spaß.

Der Pinsel **fiel** zum dritten Mal auf den Boden.

Durch den starken Wind **fiel** das Vogelnest vom Baum.

Dennis hat Kopfschmerzen. Er hat zu **viel** Computer gespielt.

Am Sonntag will Emma **viel** Gitarre üben.

55

Das kann ich schon!

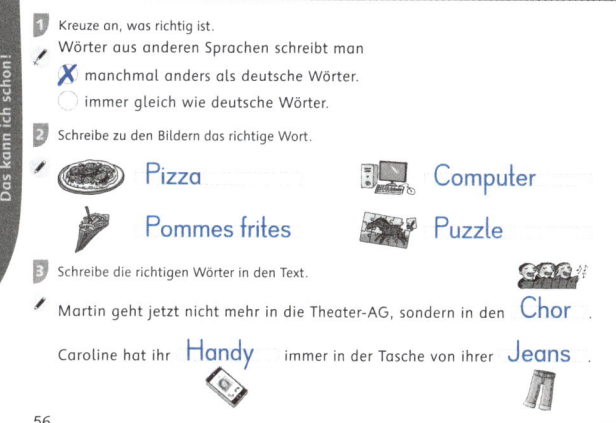

1 Kreuze an, was richtig ist.
Wörter aus anderen Sprachen schreibt man
✗ manchmal anders als deutsche Wörter.
○ immer gleich wie deutsche Wörter.

2 Schreibe zu den Bildern das richtige Wort.

Pizza   Computer

Pommes frites   Puzzle

3 Schreibe die richtigen Wörter in den Text.

Martin geht jetzt nicht mehr in die Theater-AG, sondern in den **Chor**.

Caroline hat ihr **Handy** immer in der Tasche von ihrer **Jeans**.

56

Male die Felder mit **ss gelb**
und Felder mit **β schwarz** aus.

rr	t k	i	N	b	b	T	v		Q	t		P	l	ee	a	S	m
S V	n m	rr	V q	P	B	W	S	P o	a i	PP	k	ck	aa	C	C	F	J
J		ee		P	G	rr	W	U	mm		R	B	P	t	P	R	ff i
i	v		aa		V	L	oo	nn	B	ss	β	β	f	B	R	tt
P	a m	nn	R	B	r	oo	ss	β	ss	β		k	L	V	i
X	n	s	T	B	β	β	ss	β	ss		F	m	ee	
R	C	X o	β β	β	ss	β	ss		R	r	uu	aa	S
ff	T	β	β	uu	β	ss	β	B	P	ff	o K	oo	w	u
t	B	Q	P	ee	ss	β	β	n	B	P	L	M	s	t	z	uu
	v t	j	W	β	β	β	ee	K	B	ee	aa	i	V	v
P	a	o	β	aa	ee	tt	r q	oo	B	uu	B	T	ee
	l	U	N	J	V	v	B	rr	s	aa	P r	n	oo	P	f	H	J	T

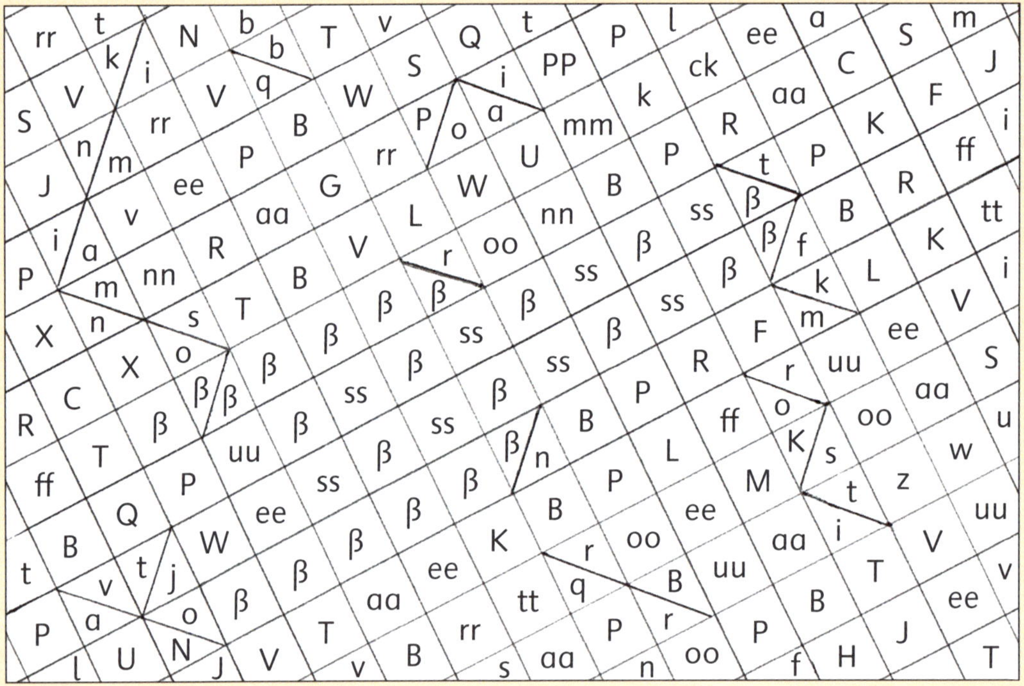

1 Verbinde die Wortteile zu Nomen.

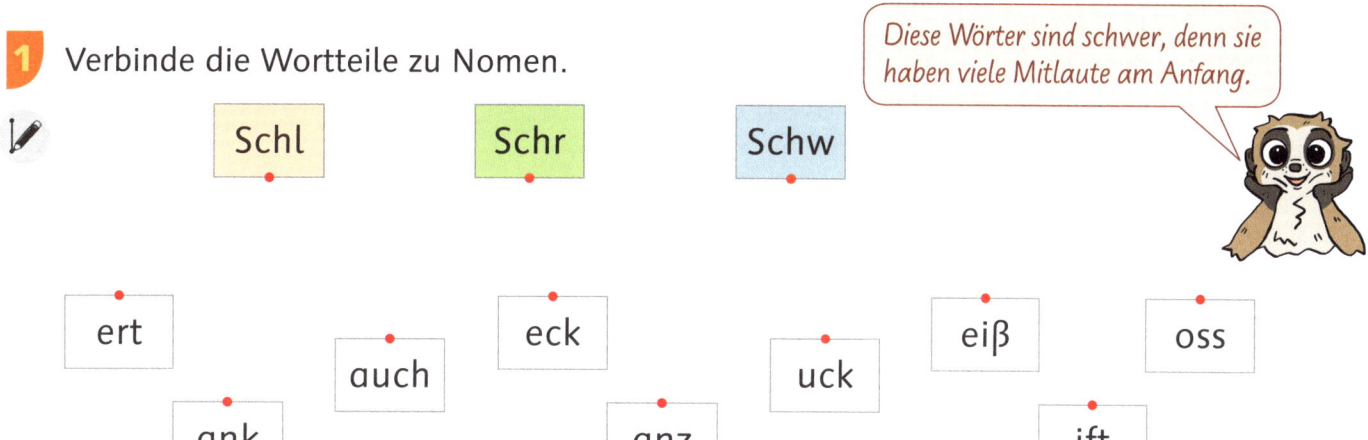

Diese Wörter sind schwer, denn sie haben viele Mitlaute am Anfang.

| Schl | Schr | Schw |

ert		eck		eiß	oss
ank	auch		uck		ift
		anz			

2 Schreibe die Nomen richtig in die Tabelle.

Wörter mit Schl-	Wörter mit Schr-	Wörter mit Schw-

Setze zu jedem Verb die Wortbausteine **vor-** oder **ver-** dazu. Schreibe die Wörter nochmals in der Grundform auf.

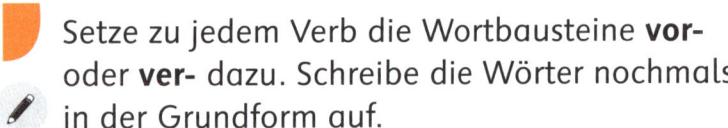

Letztes Jahr hat sich Theo als Indianer _____kleidet.

Larissa hat schon alle ihre Farben _____braucht.

Danilo wollte sich mal wieder _____drängeln.

Julian hat mit Viktor die Ergebnisse _____glichen.

Im Klassenzimmer ist ein wichtiges Buch _____schwunden.

Mama hat den Kindern einen Ausflug _____sprochen.

Maren möchte ein neues Thema _____schlagen.

Der junge Hamster hat sich in seinem Nest _____krochen.

Diese Wörter haben viele Mitlaute in der Mitte.

Grundform

Schreibe die zusammengesetzten Nomen auf.
Dabei treffen zwei gleiche Mitlaute aufeinander.
Male sie bunt an.

Ein Karton mit einem Geschenk ist ein **Geschenkkarton**.

Das Zeichen am Ende vom Satz nennt man _____.

Die Tasche, die dem Arzt gehört, ist seine _____.

Ein Kuchen mit Quark ist ein _____.

Die Lehne vom Stuhl ist eine _____.

Knöpfe an einem Rock sind _____.

Knödel mit Speck darin nennt man _____.

Eine Pflanze in einem Topf ist eine _____.

Die Schuppen eines Fischs heißen _____.

Wörter mit **langem i** schreibt man meistens mit **ie**.
Aber manchmal schreibt man auch bei langem i nur i.

Finde für jeden Satz das passende Wort. Male in allen Wörtern das **lange i** an.

ein Raubtier, das in Asien lebt und auffällig gestreift ist: **der**

ein Mittel zur Heilung von Krankheiten:

abrutschender Schnee an einem Berg:

Melodien, Klänge und Geräusche:

wichtige Nährstoffe, die jeder zum Leben braucht:

ein Zeitpunkt für eine Verabredung oder Besprechung:

ein Treibstoff für Motoren von Autos und Motorrädern:

der zerfallene Rest von einem Haus oder einer Burg:

Musik   Lawine   Termin   Tiger   Medizin   Vitamine   Ruine   Benzin

Setze das passende Wort in die Lücke ein.

Auch in diesen Wörtern wird das lange i nur mit einfachem i geschrieben.

mir **dir** **wir**

Weißt du, wo Sofia ist?

Eigentlich wollten [____] zusammen Fahrrad fahren.

Hat sie [____] gesagt, dass sie kommen will?

Ja, sie hat es [____] versprochen.

Ich kann ja hier mit [____] warten, bis sie kommt.

Oh ja gerne, du kannst so lange bei [____] bleiben.

Dann fahren [____] beide eben zusammen.

Gut, dann machen [____] ein Wettrennen!
Ich gebe [____] einen Vorsprung.

Du wirst mich sowieso nicht einholen. Da bin ich [____] ganz sicher!

langes i ohne ie

Der Buchstabe **x** kommt nur in wenigen Wörtern vor.
Finde für jeden Satz ein passendes Wort.

Katharina muss zum Zahnarzt. Sie geht in die ⬚⬚⬚⬚⬚⬚⬚.

Valentin will ein Wort finden. Er sucht im ⬚⬚⬚⬚⬚⬚⬚.

Daniel kennt sich bei Sauriern gut aus. Er ist ein ⬚⬚⬚⬚⬚⬚⬚.

Silvia hat ihr Plakat fast fertig.
Sie schreibt jetzt noch den ⬚⬚⬚⬚⬚.

Chris spielt ein gebogenes Blasinstrument.
Es ist ein ⬚⬚⬚⬚⬚.

Rodrigo spricht spanisch. Er kommt aus ⬚⬚⬚⬚⬚⬚⬚.

Mexiko   Experte   Text   Saxofon   Praxis   Lexikon

Schreibe die Wörter in alle Kästchen mit derselben Farbe.

ganz				
plötzlich				
nämlich				
ziemlich				
vielleicht				
jetzt				
dann				
bisschen				

Wortbausteine können Wörter verändern oder ihnen eine neue Bedeutung geben.

Manchmal musst du dabei besonders auf ihre Rechtschreibung achten.

Bilde Verben mit den Wortbausteinen **ab-, auf-** und **aus-**. Schreibe sie auf die Linien.

Male den doppelten Mitlaut in jedem Wort an.

ab	auf	aus

biegen	beißen	fordern	führen	steigen	schalten

brechen	fangen	schneiden

ab:

auf:

aus:

42

Welche Verben gibt es wirklich?
Ein Wort in jeder Linie ist falsch.
Schreibe die richtigen Wörter in die Tabelle.

| er- | raten | reichen | rutschen | richten |

| be- | essen | eilen | enden | ehren |

Grundform	ich-Form	du-Form

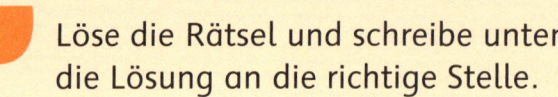

Löse die Rätsel und schreibe unten die Lösung an die richtige Stelle.

Zeichnung des Tieres:

Ich lebe in großen Hügeln mit vielen anderen zusammen. Ich kann Dinge tragen, die schwerer sind als ich selbst, und ich habe eine Königin. Ich bin _____ .

Ich habe rotbraunes Fell und einen buschigen Schwanz. Meine Wohnung ist auf Bäumen. Für den Winter verstecke ich Nüsse. Ich bin _____ .

Ich kann fliegen. Und ich klopfe gern an Bäume, um meine Nahrung zu finden. Meine Federn sind schwarz, weiß und rot. Ich bin _____ .

Ich bin größer als alle anderen und habe ein prächtiges Geweih. Trotzdem bin ich ein Pflanzenfresser. Oft kämpfe ich gegen Rivalen. Ich bin _____ .

In ganz wenigen Wörtern wird das **lange i** mit **ih** geschrieben.

Setze das passende Wort in die Lücke ein.

| ihn | ihrem | ihr | ihrer | ihm |

Weißt du, wo Hannes ist?

Nein, ich habe _____ nicht gesehen.

Triffst du dich später noch mit _____ ?

Nein, ich habe Sophie versprochen, zu _____ zu kommen.
Wir treffen uns in _____ Garten.

Dann kannst du ja _____ Mutter sagen,
dass ich auf Hannes warte.

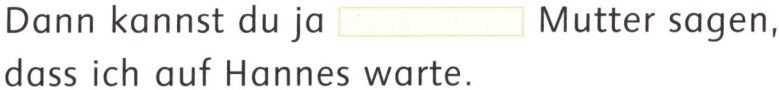

Das Wort **Ende** ist leicht zu schreiben, denn du hörst deutlich das **d**.
Aber die Zusammensetzungen sind schwer, weil es dann oft wie ein **t** klingt.

end   **End**

los   ergebnis

lich   spiel

gültig   runde

Bilde Zusammensetzungen und ergänze die Sätze. Unterstreiche das **d**.

Nächste Woche ist das spannende [   ] im Fußball.

Wir haben schon [   ] gewartet.

In der [   ] gab es viele spannende Spiele.

[   ] ist es so weit.

Hoffentlich wird das [   ] gleich bekannt gegeben.

Dann wissen wir [   ], welche Mannschaft die beste war.

Die Wörter **viel** und **fiel** klingen gleich, werden aber anders geschrieben.
Sie bedeuten auch etwas anderes.

Viel bedeutet: eine Menge. Es wird mit **v** geschrieben.
Beispiele: viel Glück, viel Obst, viele Freunde

Fiel kommt von fallen. Es wird mit **f** geschrieben.
Beispiele: Er fiel vom Fahrrad. Sie fiel von der Treppe. Der Stift fiel auf den Boden.

Setze in jedem Satz ein: **viel** oder **fiel**.

Debra hat am Wochenende _____ trainiert.

Die Kinder hatten schon _____ von der neuen Lehrerin gehört.

Die kleine Katze _____ vom Baum direkt auf das Blumenbeet.

Tobias _____ in der scharfen Kurve vom Fahrrad.

Die Eltern wünschen Clara vor dem Ausflug „_____ Spaß!"

Mit einem lauten Plumps _____ Rodrigo von seinem Stuhl.

1 Suche die richtige Antwort und verbinde.

Er hat ein Lasso und ein Pferd. •	• Ypsilon
Es ist ein Irrgarten. •	• Gymnastik
Es sind Übungen auf dem Boden. •	• Cowboy
Es ist ein sehr schneller Zug. •	• Labyrinth
Es ist der vorletzte Buchstabe im ABC. •	• Pyramide
Es ist ein gerader schwarzer Hut. •	• Intercity
Es ist ein altes Bauwerk in Ägypten. •	• Zylinder

2 Schreibe alle Wörter mit **y** noch einmal auf.

48

1 Unterstreiche zuerst in allen Sätzen das falsche Wort mit **y**. Schreibe dann das richtige Wort dazu.

So ein Quatsch! Hier ist ja alles falsch!

Ein kleines Pferd ist ein Memory.

Mit einem Teddy kann man telefonieren.

Man hört ein kleines Hobby schreien.

Der Baby gehört zu den Kuscheltieren.

Was man sehr gerne tut, ist ein Pony.

Ein fröhliches Fest ist eine Handy.

Ein Merkspiel mit Karten heißt Party.

Pony

2 Schreibe alle Wörter mit **y** noch einmal auf.

Manche Wörter sind aus anderen Sprachen zu uns gekommen.
Oft werden sie anders geschrieben, als man denkt.
Man muss sie sich einprägen.

Oft weiß man gar nicht, dass das Wort aus einer anderen Sprache stammt.

Die Kinder treffen sich auf dem Spielplatz. Boris hat seine  angezogen, und Mareike hat ihr mitgebracht. Sie fahren schwierige Strecken. Boris ist der und gibt die Kommandos. Schon bald haben beide ein verschwitztes . Boris würde am liebsten seine ausziehen. Da ruft Mareikes Mutter vom Balkon, dass sie nach Hause kommen sollen.

Schreibe die Wörter zu den Bildern. Wie musst du lesen?

SETAKS-ENILNI

DRAOBETAKS

RENIART

TRIHS-T

SNAEJ

50

Heute sind Amelie und Nora mit ihrer Familie ins Restaurant gegangen.
Sie dürfen sich bestellen, was sie wollen. Amelie weiß sofort, was sie
essen möchte: eine Pizza natürlich!
Nora muss erst überlegen. Dann bestellt sie Pommes frites mit Ketchup.
Die Mutter möchte gern Spaghetti mit Käse und Tomatensoße.
Der Vater entscheidet sich für Gyros.

Schreibe die Wörter richtig auf.

🖊 **Im** [   ]

Nora isst eine [   ].

Amelie isst [   ].

Die Mutter bekommt [   ].

Der Vater hat [   ].

Sven sitzt am Computer. Er hat gerade eine E-Mail bekommen:
Morgen fällt der Chor aus. Na gut, dann kann er sich einmal die
Theater-AG anschauen. Oder er geht so lange zum Rugby. Mal sehen.
Jetzt will er erst noch sein Puzzle fertig machen und danach noch
in seinem neuen Comic-Heft lesen.

Alles, was Sven machen will, sind Wörter aus anderen Sprachen.
Unterstreiche im Text sieben Wörter. Schreibe sie neben der Erklärung noch einmal auf.

Heft mit Zeichnungen und Text:

Schauspiel-Gruppe:

Spiel mit vielen Teilen zum Zusammensetzen:

Elektronische Mitteilung:

Sing-Gruppe:

Elektronisches Gerät zum Schreiben, Spielen und Informieren:

Spiel mit einem ovalen Ball:

1 Kreuze an, was richtig ist.

Ein **h** nach einem Selbstlaut zeigt,   ◯ dass der Selbstlaut kurz ist.

◯ dass der Selbstlaut lang ist.

Wörter mit **h**   ◯ können keine Verben sein.   ◯ können auch Verben sein.

2 Trenne in der Wörterschlange alle Wörter ab und ordne sie richtig ein.

WÄHLENFRÖHLICHSTUHLGÄHNENOHNEFAHRRADBEZAHLENBOHREN

Verb	Andere Wortart

1 Kreuze den richtigen Satz an.

○ Es gibt Wörter, die gleich klingen, aber anders geschrieben werden.

○ Alle Wörter, die anders geschrieben werden, klingen auch anders.

2 Streiche das falsche Wort durch.

Nächste Woche ist bei uns die
| Wal |
| Wahl |
zum Klassensprecher.

Das Buch war spannend bis zur letzten
| Seite |
| Saite |
.

Kleinen Kindern singt die Mutter zum Einschlafen gern ein
| Lid |
| Lied |
vor.

Pauls
| Rad |
| Rat |
ist meistens nicht abgeschlossen.

1 Setze **man** oder **Mann** richtig ein.

Der _____ von unserer Nachbarin ist oft im Garten.

Jeden Sonntag kann _____ ihn bei den Rosen sehen.

_____ hört auch regelmäßig den Rasenmäher.

2 Setze **viel** oder **fiel** richtig ein.

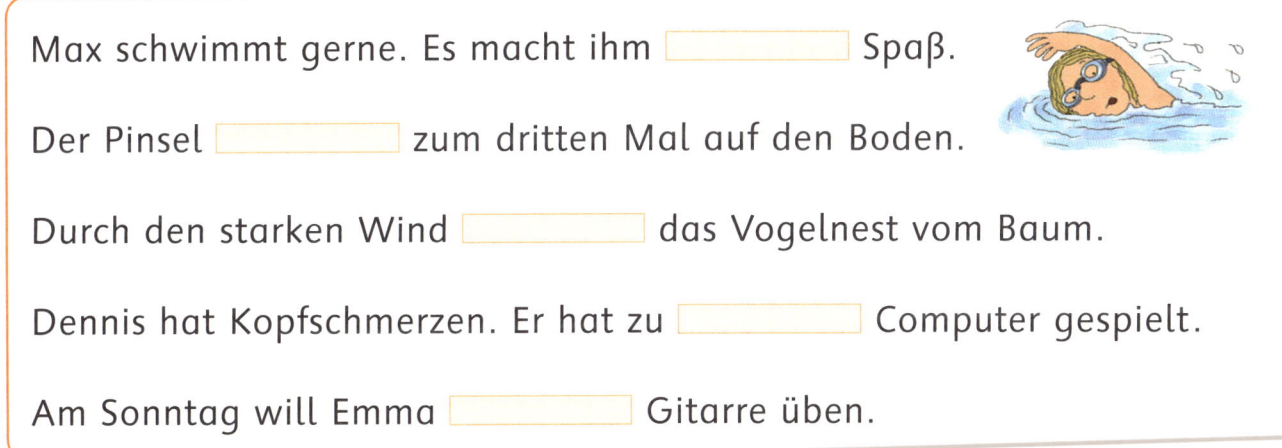

Max schwimmt gerne. Es macht ihm _____ Spaß.

Der Pinsel _____ zum dritten Mal auf den Boden.

Durch den starken Wind _____ das Vogelnest vom Baum.

Dennis hat Kopfschmerzen. Er hat zu _____ Computer gespielt.

Am Sonntag will Emma _____ Gitarre üben.

1 Kreuze an, was richtig ist.

Wörter aus anderen Sprachen schreibt man

◯ manchmal anders als deutsche Wörter.

◯ immer gleich wie deutsche Wörter.

2 Schreibe zu den Bildern das richtige Wort.

3 Schreibe die richtigen Wörter in den Text.

Martin geht jetzt nicht mehr in die Theater-AG, sondern in den _____.

Caroline hat ihr _____ immer in der Tasche von ihrer _____.

56